# NodeJS

**Kevin Lioy**

# Sommario

Premessa.................................................................................5

A chi si rivolge il libro ............................................................7

Cos'è Node.js?.........................................................................9

    Come funziona ...................................................................10

    Vantaggi di Node.js ............................................................13

    Svantaggi di Node.js ..........................................................14

Installazione ...........................................................................15

Le basi ....................................................................................19

    require() .............................................................................20

    Oggetto process .................................................................22

    Standard output.................................................................24

    Standard input ...................................................................27

    Il ritardo nella programmazione asincrona.......................30

Moduli di Node.js....................................................................35

    Il tuo modulo Node.js.........................................................37

    NPM e package.json...........................................................39

    Lettura e scrittura di files ...................................................41

Node.js frameworks................................................................49

    Express ...............................................................................49

Scenario pratico ................................................................. 50

Conclusione ...................................................................... 54

# Premessa

Con il passare degli anni le tecnologie si sono evolute e continuano ad evolversi tuttora perché cambiano le esigenze dei programmatori, degli utenti e di tutti coloro che ruotano intorno al mondo dell'IT. La crescente popolarità di JavaScript ha portato molti cambiamenti e ha completamente rivoltato lo sviluppo web dei nostri giorni, modificandolo radicalmente. Le cose che possiamo fare oggi sul web con JavaScript in esecuzione lato server, così come lato browser, erano difficili da immaginare pochi anni fa o erano incapsulate in ambienti particolari detti "sandbox" come Flash o Applet Java.

Le migrazioni a nuovi linguaggi di programmazione ci sono sempre stati infatti adesso è impensabile creare un CMS in Assembly così come in tanti altri linguaggi. I linguaggi di programmazione sono figli di un'esigenza pertanto se, per esempio, vuoi delle performance migliori forse è meglio programmare in C piuttosto che in Java. Allo stesso modo Node.js è stato creato con uno scopo ben preciso e lo scopriremo nel corso di questo libro.

Ryan Dahl (che è il creatore di Node.js), mirava a creare siti Web in tempo reale con funzionalità push, "ispirati da applicazioni come Gmail" quindi in Node.js ha fornito agli sviluppatori uno strumento per lavorare con il paradigma I/O in modo non bloccante e guidato dagli eventi. Come abbiamo detto Node.js è particolarmente efficace con il paradigma I/O che è semplicemente il metodo di comunicazione basato su input/output.

# A chi si rivolge il libro

Node.js è perfetto nelle applicazioni web in tempo reale che utilizzano la tecnologia push tramite Web socket quindi finalmente possiamo avere applicazioni web con connessioni bidirezionali in tempo reale, in cui sia il client che il server possano avviare la comunicazione, consentendo loro di scambiare dati liberamente. Con tutti i suoi vantaggi, Node.js ora svolge un ruolo fondamentale nello stack tecnologico di molte aziende di alto profilo che dipendono dai suoi vantaggi unici.

Come avrai ben capito Node.js è adatto per molti scenari, puoi usarlo per fare streaming di dati, costruire SPA ovvero applicazioni Web a singola pagina, ma anche chat, dashboard e ovviamente applicazioni real-time come un'applicazione per vedere l'andamento della borsa in tempo reale.

Questo libro ti fornirà un'introduzione approfondita a Node.js, ma ci sono un paio di cose che dovresti conoscere prima di iniziare. Prima di tutto, Node.js è JavaScript, quindi devi avere un po' di familiarità con JavaScript per poter lavorare con successo con Node.js. Infine, dal momento che qui abbiamo a che fare con JavaScript lato server, alcune conoscenze operative della riga di comando sarebbero utili. Se ti senti a tuo agio con JavaScript e conosci le basi della riga di comando, allora sei pronto per Node.js. In questo libro ti mostreremo come installare Node.js e lavorare con il core Node.js, che include standard input, standard output, il sistema dei moduli, il file system e come scrivere ed eseguire JavaScript sul server. Al termine di questo libro, sarai dotato dei concetti e delle tecniche fondamentali di Node.js che potrai utilizzare nel tuo prossimo progetto o in quello che stai già sviluppando, perché il miglior modo di imparare una tecnologia è usarla. In questi giorni, Node.js è ovunque quindi questo è il momento migliore per diventare uno sviluppatore Fullstack con Node.js.

# Cos'è Node.js?

Node.js è un potente strumento per il controllo di server, per la creazione di applicazioni Web e la creazione di programmi basati e focalizzati sugli eventi. Usa JavaScript come linguaggio di programmazione che dovrebbe essere familiare a tutti gli sviluppatori Web. Con Node.js puoi creare applicazioni in esecuzione sia sul tuo laptop sia in cloud infatti è un linguaggio supportato da Google Cloud Platform, Amazon AWS, Microsoft Azure e tanti altri. In questo libro imparerai le basi di Node.js e inizierai a creare le tue applicazioni.

Nell'introduzione abbiamo specificato che Node.js è perfetto nelle applicazioni web in tempo reale che utilizzano la tecnologia push tramite Web socket. Probabilmente ti starai chiedendo cosa c'è di così rivoluzionario in ciò. Siamo reduci da oltre 20 anni di web state-less quindi basato sul paradigma di richiesta-risposta senza stato, finalmente abbiamo applicazioni web con connessioni bidirezionali in tempo reale, in cui sia il client che il server possono avviare la comunicazione, consentendo loro di scambiare dati liberamente. Questa è davvero un aspetto innovativo perché è in netto contrasto con il tipico paradigma della risposta web, in cui il cliente inizia sempre la comunicazione. Inoltre, è tutto basato sullo stack web aperto (HTML, CSS e JS) in esecuzione sulla porta standard 80. Si potrebbe sostenere che lo abbiamo avuto per anni sotto forma di applet Flash e Java, ma in realtà si trattava solo di ambienti sandbox che utilizzavano il Web come protocollo di trasporto da consegnare al client. Inoltre, sono stati eseguiti in modo isolato e spesso operavano su porte non standard. Tutto questo portava uno svantaggio enorme come richiedere autorizzazioni straordinarie o comunque aggiuntive e non standard.

Se hai già lavorato con JavaScript, potresti pensare che sia solo una delle tante tecnologie front-end, un modo per aggiungere interattività alle applicazioni Web, per aggiungere funzionalità come clic sui pulsanti e menu a discesa, ma non è tutto ciò che JavaScript può fare. Con Node.js puoi usare le tue abilità in JavaScript per fare molto di più, dalla creazione di strumenti da riga di comando alla creazione di server per l'interazione con il file system. Da quando Node.js è stato rilasciato nel 2009, aziende come PayPal, Netflix e Microsoft lo hanno utilizzato come modo per creare applicazioni scalabili e guidate da eventi.

Node.js può sembrare una tecnologia nuova di zecca, ma esiste da circa un decennio ed è uno dei più potenti strumenti JavaScript disponibili. Node.js è stato nel 2009 come runtime JavaScript basato sul motore v8 di Chrome. Nel 2011 è stata rilasciata la prima versione di NPM per consentire la condivisione di librerie di nodi open source e questo ha segnato un enorme cambiamento nel modo in cui il codice è stato condiviso e gestito facendo emergere Node.js come un grande player nell'ecosistema. Nel 2015 è stata fondata la Node.js Foundation, composta da diverse grandi aziende come IBM, Microsoft, PayPal e Groupon. Puoi trovare la Node.js Foundation su GitHub e puoi trovare anche il progetto Node.js stesso, in dato che è un progetto opensource. Oggi la community di Node.js è fiorente con numerose conferenze ed eventi a livello internazionale e ampi usi in tutti i settori.

## Come funziona

Ti dimostrerò come funziona Node.js e perché è così veloce con un breve esempio, una semplice analogia. Abbiamo due diversi ristoranti, il primo è un ristorante grande, carino e di classe. In questo ristorante, ogni nuovo ospite rappresenta un nuovo utente quindi fare un ordine è come fare una richiesta. Se eseguo un ordine per un'insalata, un manager dovrà assumere un nuovo cameriere per prendersi cura di me e in questo ristorante, il nostro cameriere rappresenta un thread. Avremo il nostro cameriere, il nostro thread e gestiranno tutti i nostri ordini, questo descrive un po' il funzionamento di Apache dove ogni richiesta è a thread singolo. Dopo aver effettuato l'ordine, il cameriere porterà l'ordine in cucina e lo consegnerà allo chef quindi ora il cameriere dovrà aspettare e non farà altro fino a quando lo chef non avrà finito di preparare il cibo. Se volessi ordinare un bicchiere d'acqua non potrei fino a quando lo chef non avrà finito di preparare quell'insalata infatti, lo chef mi sta impedendo di poter semplicemente ordinare un bicchiere d'acqua. In questa analogia, lo chef rappresenta il file system o un archivio dati. In Apache, il singolo thread attende che il file system finisca di leggere i file prima di poter fare qualsiasi altra cosa, questo è inteso come un blocco. Finalmente l'insalata è pronta ed il mio cameriere mi porta il cibo, posso finalmente ordinare il mio bicchiere d'acqua e il mio cameriere me lo porta. La mia richiesta è stata soddisfatta e ora il direttore licenzia il mio cameriere perché non è più necessario. Quando questo ristorante è affollato, ogni ospite ha il proprio cameriere e questo è indice di un buon servizio ma i camerieri sono per lo più in giro per la cucina e aspettano che lo chef prepari il cibo. Se questo ristorante diventa molto popolare, richiede molto spazio per espandersi perché più ospiti significa più camerieri.

Ora diamo un'occhiata ad un altro ristorante, c'è solo un cameriere perché Node.js è a singolo thread. Qui possiamo ordinare delle crepes e possiamo vedere che il nostro cameriere effettua l'ordine per il cibo,

9

quindi passa a prendere un ordine da un altro nuovo tavolo. Questo thread singolo serve tutti gli ospiti dei ristoranti ed è abbastanza interessante. Quando le mie crepes sono pronte, lo chef suona un campanello e il nostro cameriere va a prendere le crepes e me le consegna. Procede quindi a prendere un altro ordine da un nuovo tavolo. Quando il loro cibo è pronto, il cameriere lo porterà loro appena possibile. Possiamo dire che questo cameriere si comporta in modo asincrono e tutto ciò che questo cameriere deve fare rappresenta un nuovo evento. Un nuovo tavolo, un nuovo ordine e consegnare un ordine sono tutti eventi che verranno gestiti nell'ordine in cui vengono creati quindi il nostro cameriere non aspetta. Non ci sono blocchi perché il nostro cameriere unico è sempre impegnato perché è multitasking.

Questo è ciò che intendiamo quando diciamo I/O non bloccante guidato dagli eventi. Abbiamo un singolo thread che risponderà agli eventi nell'ordine in cui sono stati generati. Questo thread si comporta in modo asincrono perché non deve attendere che le risorse finiscano di fare ciò che stanno facendo prima che il nostro thread possa fare qualsiasi altra cosa.

Se il secondo ristorante diventa popolare, possiamo semplicemente farlo lavorare in franchising infatti Node.js può scalare facilmente duplicando o estendendo il ristorante in uno spazio vicino e questo è esattamente il modo in cui vengono ospitate le applicazioni Node.js nel cloud.

E' importante ricordare che Node.js è a thread singolo e tutti gli utenti condividono lo stesso thread. Gli eventi vengono generati e registrati in una coda eventi e poi gestiti nell'ordine in cui sono stati creati.

Node.js è asincrono quindi può fare più di una cosa alla volta e questa capacità di multitasking è ciò che rende Node.js così veloce. La sua reattività è uno dei motivi per cui così tanti sviluppatori stanno costruendo le loro applicazioni web con questo framework JavaScript.

## Vantaggi di Node.js

In breve elenchiamo i vantaggi di questo framework:

- Buono per gli sviluppatori principianti infatti JavaScript è semplice da imparare
- È veloce, grazie alle tecnologie innovative di Google e al loop degli eventi
- Possibilità di conservare i dati nel formato nativo JSON (object notation) nel database
- Modularità (NPM, Grunt, ecc.) e buona comunità di supporto
- Adatto per creare applicazioni in tempo reale, come chat e giochi
- Adatto allo streaming di dati e file
- Ampia gamma di opzioni di hosting
- JS è il linguaggio più longevo, il 99% degli sviluppatori ne conosce un po'
- Progetto opensource disponibile su Github

Purtroppo non è tutto oro quello che luccica infatti anche Node.js non è esente da svantaggi nonostante l'impegno della community per migliorare costantemente il framework. Node.js non è efficiente nella gestione di applicazioni con alto uso di CPU infatti essendo un ambiente basato su eventi e un singolo thread, non è abbastanza efficiente per gestire queste applicazioni. La generazione di audio, video o editing di grafica, ecc. sono alcune richieste simultanee che non possono essere gestite da Node.js.

Un altro problema chiave che la maggior parte degli sviluppatori incontra è dato dalle API (Application Programming Interface) che cambiano ad intervalli frequenti e non restano stabili infatti a volte appare una nuova API che presenta una serie di modifiche non retro-compatibili. Di conseguenza, gli sviluppatori sono costretti ad apportare modifiche alle basi di codice accessibili per abbinare la compatibilità con l'ultima versione dell'API Node.js.

Precedentemente abbiamo visto che se si desidera rendere le applicazioni più scalabili, il requisito necessario è l'adozione del modello di programmazione asincrona. Tuttavia, molti sviluppatori ritengono che questo modello di programmazione sia più difficile rispetto alla programmazione a blocco lineare. Un altro svantaggio della programmazione asincrona è che i programmatori devono dipendere dalle chiamate nidificate anche dette *nested call*.

# Installazione

Puoi seguire questo libro con l'editor di testo (IDE) che preferisci infatti Node.js esegue semplicemente i file JavaScript, che sono file di testo. Se hai già un IDE preferito per JavaScript, sentiti libero di usarlo, potresti anche semplicemente usare Notepad++ ed un semplice terminale se non vuoi installare degli IDE. Io utilizzerò Visual Studio Code che puoi scaricare dal sito https://code.visualstudio.com/.

Questa pagina rileverà automaticamente la tua piattaforma e selezionerà il programma di installazione appropriato quindi puoi scegliere quello suggerito o sceglierne uno di quelli proposti se, per esempio, hai intenzione di installarlo su un'altra macchina.

Dopo aver installato ed avviato VS Code ti porterà in una scheda di benvenuto con un menu a sinistra. La prima icona è per i tuoi file. Per selezionare una cartella di lavoro, è possibile fare clic sul pulsante Apri cartella e puoi navigare per scegliere la tua cartella. Utilizzeremo anche il terminale integrato in VS Code ma puoi anche scegliere di utilizzare il terminale normale.

Per installare Node.js su Windows collegati al sito https://nodejs.org/en/download e scarica i file binari necessari per la tua piattaforma. Segui la tua procedura guidata per l'installazione e innanzitutto, immettere il percorso per l'installazione di Node.js, questo è il luogo in cui verranno archiviati i file per Node.js dopo l'installazione. Successivamente accetta i componenti predefiniti per l'installazione e procedi come indicato dall'immagine.

13

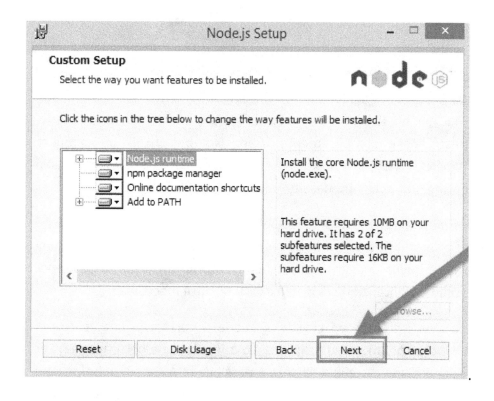

Su piattaforme Linux è possibile installare Node.js attraverso il terminale con il package manager. Innanzitutto dobbiamo aggiungere il PPA di Node.js. I PPA rientrano nella categoria dei repository non ufficiali e sono molto utili perché permettono di ricevere in maniera diretta il software desiderato, mantenendolo inoltre aggiornato.

Usiamo i seguenti comandi per installare la versione corrente di Node.js ovvero quella con più funzionalità:

```
sudo apt-get install curl

curl -sL https://deb.nodesource.com/setup_13.x |
sudo -E bash -
```

Per installare la versione LTS (Long Term Support) usa questi comandi:

```
sudo apt-get install curl

curl -sL https://deb.nodesource.com/setup_12.x |
sudo -E bash -
```

Dopo aver fatto ciò possiamo finalmente installare il framework tramite apt-get e questo installerà Node.js, NPM e altri software essenziali per il corretto funzionamento del framework:

```
sudo apt-get install nodejs
```

Infine verifichiamo le versioni installate:

```
node -v
v13.0.1
npm -v
6.12.0
```

Adesso siamo pronti per iniziare a programmare in Node.js e conosciamo a grandi linee come questo framework funziona.

# Le basi

Ora è il momento di creare il nostro primo file Node.js, chiamerò questo file *firstfile.js* e all'interno del nostro primo file, probabilmente puoi indovinare cosa faremo in questo primo tutorial perché è un classico esempio. Stamperemo la classica stringa Hello World sulla console. Quindi digitiamo quanto segue nel file:

```
console.log("Hello World");
```

Abbiamo digitato una riga di codice JavaScript in questo file ed è arrivato il momento di eseguirlo. Quindi apriamo un terminale e assicuriamoci di trovarci nella stessa cartella del file appena creato.

Adesso a seconda del tuo sistema userai dei comandi diversi ad esempio, su Linux scriverai *ls* per vedere che il primo file si trova nella cartella corretta mentre su Windows dovrai usare *dir*.

Per eseguire questo file, tutto ciò che dobbiamo fare è digitare *node firstFile.js* e possiamo vedere Hello World stampato sulla console. Come puoi vedere, questo è un semplice file JavaScript, il che significa che possiamo aggiungere codice JavaScript a questo file e creare una variabile chiamata *msg* e salvare la stringa *Hello World da Node.js* registrando la variabile all'interno della console:

```
let msg = "Hello World da Node.js"
console.log(msg);
```

17

Torniamo al terminale e possiamo eseguire nuovamente questo file digitando *node firstFile*, ma questa volta ho intenzione di tralasciare l'estensione .js. Poiché Node presuppone che sia in esecuzione un file di tipo Javascript, non è necessario aggiungere l'estensione.

All'interno di Node.js, possiamo creare file JavaScript ed eseguirli, ma cosa sta succedendo esattamente qui? Nella seconda riga, stiamo loggando il valore della variabile *msg* nella console. L'oggetto console è in realtà una parte di un oggetto globale, potrei prefissarlo con la parola chiave *global*.

Tutto quello che è sull'oggetto globale è disponibile per noi a livello globale ciò significa che possiamo utilizzare qualsiasi oggetto o valore disponibile sull'oggetto globale all'interno dei nostri file JavaScript. L'oggetto globale contiene tutti gli oggetti, i valori e i metodi che possiamo usare in un file Node.js senza dover importare alcuna funzionalità.

## require()

Adesso esploriamo questo oggetto globale quindi nella stessa cartella dove abbiamo definito precedentemente il file, aggiungerò un nuovo file chiamato *global.js*. E un'altra cosa che è disponibile per noi a livello globale è il nome del file corrente e il percorso completo della directory che stiamo attualmente utilizzando. Per stampare sulla console il nome della directory useremo *console.log (__ dirname);* e *console.log (__ nomefile);* ci darà il nome completo e il percorso del file corrente.

```
console.log(__dirname);
console.log(__filename);
```

Apriamo il terminale ed eseguiamo questo file digitando *node global*. Possiamo vedere stampato sulla console il percorso completo della directory che stiamo usando, così come il percorso completo della directory incluso il nome del file corrente che abbiamo eseguito, *global.js*.

Node.js include anche alcuni strumenti che ci consentono di modificare e manipolare i percorsi dei file, ma dobbiamo effettivamente caricare questi strumenti perché sono disponibili in un modulo separato. Diamo un'occhiata a come possiamo importare altri moduli usando la funzione *require()* può essere utilizzata per caricare moduli esterni, che sono altri file JavaScript contenenti del codice.

Possiamo caricare moduli che sono stati scaricati durante l'installazione di Node.js, moduli che installiamo con npm, o altri moduli che creiamo per la nostra applicazione.

19

Il modulo *path* è uno di quei moduli forniti con Node.js e ci fornisce strumenti che possiamo usare per aiutarci a lavorare con i percorsi dei file. Creiamo una costante variabile chiamata *path* e caricheremo il modulo *path* in quella variabile, quindi possiamo usare la funzione *basename()* per estrarre solo il nome file, dalla variabile globale __*filename*. Useremo anche il carattere backtick ( ` ) che non deve essere confuso con un semplice accento:

```
const path = require("path");
console.log(`Il nome del file è ${path.basename(__filename)}`);
```

Abbiamo usato il modulo *path* e la funzione chiamata *basename()* con il valore __*filename* passato in input alla funzione *basename()* in modo da estrapolare il nome del file. Come sempre tramite terminale eseguiamo il nostro file digitando *node global*. E vediamo che l'uso della funzione *path.basename()* ci ha permesso di estrapolare il nome del file dal percorso completo.

Per ricapitolare, ogni file Node.js che creiamo viene chiamato modulo e contiene il proprio codice, quando vogliamo caricare altri moduli dobbiamo usare la funzione *require()*, che è disponibile per noi sull'oggetto globale.

## Oggetto process

Un altro oggetto importante messo a nostra disposizione a livello globale è l'oggetto *process* quindi, all'interno dei miei file, creiamo un nuovo file *globalProcess.js*. In questo file accederemo all'oggetto *process* a livello globale che contiene informazioni sul processo corrente e strumenti che ci consentono di interagire con quel processo. Ad esempio, possiamo usare l'oggetto *process* per ottenere l'ID del processo oppure possiamo usare l'oggetto *process* per ottenere la versione corrente di Node.js che viene utilizzata per eseguire il processo:

```
console.log(process.pid);
console.log(process.version.node);
```

Eseguiamo questo file e possiamo vedere l'ID del processo e la versione di Node.js che viene utilizzata per eseguire questo processo. L'oggetto *process* ci consente di fare molto di più, infatti, possiamo ottenere informazioni sull'ambiente, leggere le variabili di ambiente, comunicare con i processi terminal o parent attraverso standard input e standard output e, addirittura, possiamo usarlo per uscire dal processo corrente. Una delle cose che possiamo fare è raccogliere informazioni dal terminale quando carichiamo l'applicazione tramite la variabile *argv* accedendo alle variabili dell'argomento che vengono inviate al processo quando lo eseguiamo.

```
console.log(process.argv);
```

Eseguiamo il file tramite terminale e potremo notare che questa variabile conterrà un array che contiene tutto ciò che abbiamo digitato per eseguire il processo. Il primo comando che abbiamo digitato per eseguire questo processo era *node* quindi potrai vedere l'intero percorso in cui vive il processo di quel *node* ovvero da dove Node.js è stato eseguito. Il secondo argomento è un percorso al modulo corrente che stiamo utilizzando. Qualsiasi cosa digitiamo quando eseguiamo un file di *node* viene aggiunto a questo array *argv*. Possiamo aggiungere ulteriori parametri a questo array ad esempio potremmo voler usare un parametro che ci indica se si tratta dell'ambiente di collaudo o di produzione ed eventualmente l'hostname:

```
node globalProcess prod sitoProduzione
```

Poiché si tratta di un array possiamo usare l'array destructuring, per ottenere solo l'ambiente e l'hostname dato in realtà non mi interessano i primi due valori dell'array. Procediamo come segue:

```
const [, , ctx, hostname] = process.argv;
console.log('Ambiente: ' + ctx);
console.log('Hostname: ' + hostname);
```

Eseguiamo questo file e poiché dovremmo avere molte righe qui sul terminale ho intenzione di ripulirlo digitando *clear* su sistemi Linux, *cls* se stai usando DOS. Il risultato di questa elaborazione sarà la valorizzazione delle variabili *ctx* e *hostname* e due righe di log sulla console che ci informano dell'ambiente e dell'hostname.

22

## Standard output

Un'altra caratteristica dell'oggetto *process* è lo standard input e lo standard output. Questi due oggetti ci offrono un modo per comunicare con questo processo mentre è in esecuzione ed useremo questi oggetti per leggere e scrivere dati dal/sul terminale. Diamo un'occhiata a *process.stdout* è una stringa scrivibile e implementa un metodo di scrittura che possiamo usare per inviare dati dal nostro programma. In questo caso, possiamo effettivamente scrivere una stringa sul terminale.

Possiamo stampare in console la classica stringa Hello World come segue:

```
process.stdout.write("Hello ");
process.stdout.write("World \n\n");
```

Apriamo il terminale ed eseguiamo questo in modo da poter dare un'occhiata all'output. Diamo un'occhiata all'output e noteremo che Hello World viene stampato con due nuove righe in più. Quello che potresti aver notato è che abbiamo già utilizzato l'output standard, tuttavia, il registro della console aggiunge una nuova riga per ogni messaggio, quindi ogni registro verrà visualizzato sulla propria riga. Il metodo di scrittura standard ci dà un po' più controllo sulla stringa, quindi noterai che anche se ho fatto due chiamate al metodo *stdout.write*, stiamo ancora vedendo Hello World stampato su una riga.

Utilizziamo l'oggetto di standard output per porre alcune domande quindi la prima cosa che farò è creare saranno una serie di stringhe e anche una funzione che possiamo usare per porre domande. Quindi possiamo anche creare una funzione *chiedi* che possiamo usare per porre domande. All'interno di questa funzione *chiedi*, avremo un argomento in input, che sarà l'indice della domanda che vogliamo porre, e se non viene inviato alcun argomento, quell'indice sarà zero:

```
const domande = [
 'Come ti chiami?',
 'Colore preferito?',
 'Ti piace Node.js?'
];

const chiedi = (i=0) => {
 process.stdout.write(`\n\n\n ${domande[i]}`);
 process.stdout.write(` > `);
}

chiedi();
```

Come puoi vedere se *i* è zero faremo la prima domanda, se *i* ha valore due faremo l'ultima domanda in questo array. Faremo anche un'altra chiamata a *stdout.write* in modo da poter chiedere all'utente una risposta.

Eseguendo il programma noterai che abbiamo scritto nel terminale tre nuove righe, questo è lo spazio bianco che vediamo prima della domanda e del nostro piccolo cursore. Avrai notato che il programma

24

termina e il motivo per cui il programma esce qui è perché questo modulo Node.js, insieme a tutti i moduli che abbiamo costruito finora, funziona in modo sincrono. Ciò significa che dichiariamo l'array di domande, dichiariamo una funzione per porre la domanda, e quindi una volta che facciamo la domanda, Node.js vede che non c'è nient'altro da fare, quindi smette di funzionare.

Nella prossima sezione gestiremo lo standard input in modo da ovviare anche a questo problema.

## Standard input

Continuiamo sulla base del file precedente e useremo l'oggetto *process.standardinput* per ascoltare le risposte al questionario da parte dell'utente. La prima cosa che farò qui è collegare un *listener* usando lo standard input e useremo la funzione *on* per ascoltare gli eventi. Il nome dell'evento che stiamo ascoltando è un evento di dati ciò significa che hai digitato qualcosa nella tastiera e hai premuto il tasto invio. Il secondo argomento della funzione *on* è il gestore o la funzione che useremo per gestire quei dati.

Possiamo raccogliere i dati come primo argomento che vengono inviati a questa funzione di callback e fare qualcosa con esso. Per ora, ci limiteremo a restituirli all'utente usando *process.standout.write* e scriveremo un paio di nuove righe, quindi prenderemo i dati, che attualmente vengono passati a questa funzione come buffer o binario, invochiamo il metodo *.tostring()*, ed infine tagliamo in modo da sbarazzarci di qualsiasi spazio. Vediamo il codice:

```
const domande = [
  'Come ti chiami?',
  'Colore preferito?',
  'Ti piace Node.js?'
];

const chiedi = (i=0) => {
  process.stdout.write(`\n\n\n ${domande[i]}`);
  process.stdout.write(` > `);
}

chiedi();

process.stdin.on("data", data => {
  process.stdout.write(`\n\n ${data.toString().trim()} \n\n`);
  process.exit();
});
```

Quello che abbiamo fatto qui è usare *process* come oggetto di standard input per ascoltare eventi di dati creando la nostra prima applicazione asincrona. Questa applicazione è in attesa di dati in input, avviando l'applicazione ogni volta che digiteremo alcuni dati, li vedremo nel terminale.

Poiché abbiamo collegato questo evento di dati, il programma continuerà a funzionare e continuerà ad ascoltare i dati quindi ogni volta che scrivi qualcosa, lo vedrai stampato nel terminale. Per terminare questo processo abbiamo usato il metodo *exit()* altrimenti resterebbe sempre all'interno della funzione *on*.

Adesso al posto di stampare semplicemente i dati inseriti creiamo un array di risposte:

```javascript
const domande = [
 'Come ti chiami?',
 'Colore preferito?',
 'Ti piace Node.js?'
];

const chiedi = (i=0) => {
  process.stdout.write(`\n\n\n ${domande[i]}`);
  process.stdout.write(` > `);
}
chiedi();

const risposte = [];
process.stdin.on("data", data => {
  risposte.push(data.toString().trim());

  if (risposte.length < domande.length) {
    chiedi(risposte.length);
  } else {
    process.exit();
  }
});
```

```
process.on('exit', () => {
  const [nome, colore, preferenza] = risposte;
  console.log(`Grazie ${nome} per aver risposto.`);
});
```

Il codice è abbastanza semplice infatti abbiamo creato un array vuoto di risposte e finché la dimensione dell'array delle risposte è minore di quello delle domande verrà posta la domanda successiva quindi ciò significa che se ho già risposto alla prima domanda, faremo la seconda domanda della serie e così via fino a quando la dimensione sarà uguale e verrà invocato il metodo per uscire dal processo. In questo caso la funzione *chiedi()* verrà invocata tre volte seguita dal *process.exit()* e vogliamo che ogni volta che il processo termina, si attivi un altro *listener* per un evento di uscita. Quel *listener* può essere gestito con una funzione di callback passata come secondo argomento ed andremo ad utilizzare una delle risposte date dall'utente.

Usando la destrutturazione dell'array, possiamo nuovamente impostare alcune variabili locali: una per il nome, una per il colore e, infine, una per la preferenza data. L'ultimo *listener* verrà attivato quando si sta per abbandonare un processo quindi stampiamo un messaggio che ringrazia l'utente, specificandone il nome. Quando premiamo invio sull'ultima domanda il processo termina e stampiamo l'ultimo messaggio Nota bene che con l'uso delle stringhe template (usando il backtick `) vengono valorizzati tutti gli spazi bianchi che sono presenti all'interno della stringa.

## Il ritardo nella programmazione asincrona

Un altro modo in cui possiamo lavorare in modo asincrono con Node.js è attraverso le funzioni di temporizzazione. Le funzioni di temporizzazione ti consentono di impostare il timeout, cancellare il timeout, impostare un intervallo o cancellarlo e funzionano proprio allo stesso modo in cui funzionano nel browser e sono disponibili a livello globale. Vediamo a livello pratico come creare un ritardo di qualche secondo:

```
const attesa = 3000;
console.log(`Imposto un ritardo di ${attesa/1000} secondi`);

const completato = () => console.log("Completato");
setTimeout(completato, attesa);
```

In questo breve esempio abbiamo creato una costante con il numero di millisecondi che indicano il ritardo e abbiamo stampato in console un messaggio per informare l'utente. Abbiamo diviso il valore per mille in modo da ottenere il numero di secondi che stiamo aspettando. Abbiamo creato una funzione da invocare al termine del timer quindi, quando il timer avrà finito, verrà invocata la funzione *console.log()* per stampare un messaggio in console. Ora siamo pronti per usare il timeout ed il primo argomento è la funzione da invocare al termine del timer, il secondo argomento che useremo è il tempo che dovremmo aspettare per questo ritardo. In sostanza questo processo verrà eseguito in modo asincrono per tre secondi. Dopo aver atteso tre

29

seconds, verrà invocata la funzione timer e dovremmo vedere la scritta *Completato* in console. Apriamo il nostro terminale ed eseguiamo la nostra applicazione, vediamo il nostro messaggio e dopo tre secondi vediamo che la scritta *Completato* è apparsa sulla console.

È possibile migliorare questa applicazione utilizzando un intervallo ovvero eseguire una funzione che segnala in modo intermittente il tempo di attesa trascorso. L'intervallo di attesa sarà di mezzo secondo ovvero 500 millisecondi e creerò anche una variabile per l'orario corrente. Dichiaro delle costanti con *const* perché non vogliamo che gli utenti possano cambiare il loro valore, altrimenti avrei dovuto usare *let*. Abbiamo bisogno di una funzione per incrementare il tempo quindi quello che faremo è recuperare l'ora corrente e aumentare l'intervallo dell'attesa. L'intervallo impostato è molto simile al timeout impostato in precedenza infatti il primo argomento in input è una funzione, il secondo è il tempo che deve attendere l'intervallo, che è mezzo secondo. Con la funzione *setInterval* verrà invocata ripetutamente la funzione di incremento del tempo ogni mezzo secondo.

```
const attesa = 3000;
const intervallo = 500;
let oraCorrente = 0;

const incTime = () => {
  oraCorrente += intervallo;
  console.log(`Aspetto ${oraCorrente/1000} secondi`);
}

console.log('Imposto un ritardo di ' + attesa/1000 + ' secondi');
```

```
const completato = () => console.log("Completato");
setInterval(incTime, intervallo);
setTimeout(completato, attesa);
```

Possiamo vedere che abbiamo iniziato un ritardo di tre secondi, ma l'intervallo si attiva ripetutamente ogni mezzo secondo quindi stiamo aumentando il tempo di attesa. Nota che dopo 2,5 secondi è presente una riga di log sulla console. Poiché abbiamo impostato un intervallo e non l'abbiamo mai cancellato, questo processo verrà eseguito indefinitamente. La prima cosa che devo fare per cancellare l'intervallo, devo definire una variabile per l'intervallo. Ogni volta che impostiamo un intervallo, la funzione dell'intervallo impostato restituirà effettivamente l'intervallo stesso in modo da poterlo cancellare in seguito.

```
const attesa = 3000;
const intervallo = 500;
let oraCorrente = 0;

const incTime = () => {
  oraCorrente += intervallo;
  console.log(`Aspetto ${oraCorrente/1000} secondi`);
}

console.log('Imposto un ritardo di ' + attesa/1000 + ' secondi ');

const completato = () => {
```

31

```
  clearInterval(interval);
  console.log("Completato");
};
const interval = setInterval(incTime, intervallo);
setTimeout(completato, attesa);
```

Eseguiamo questo file e vediamo il nostro ritardo di tre secondi, seguito dai nostri messaggi di attesa e notiamo anche che quando abbiamo finito cancelliamo l'intervallo in modo che l'intervallo non sia più indefinito come prima.

# Moduli di Node.js

Come abbiamo visto finora la funzione *require()* è necessaria per caricare i moduli ma molti dei moduli con cui lavoriamo sono ospitati su NPM e forniti dalla community. I moduli che non è necessario installare con NPM e che sono installati localmente con la tua installazione di Node.js, sono detti moduli principali. Il modulo *path* è un modulo *core* perché fornito con Node.js e possiamo usarlo così com'è subito dopo l'installazione. Il modulo *path* ci aiuta molto nella gestione di file e directory soprattutto grazie ai metodi *join()* e *resolve()* infatti il primo consente di unire tutti i parametri in input usando il delimitatore adatto per la piattaforma usata mentre il secondo risolve tutti i parametri da sinistra verso destra finché non viene creato un percorso assoluto.

Vediamo alcuni esempi di questi due metodi:

```
path.join('/foo', 'bar', 'baz/zxcv', 'abcd', '..')
// '/foo/bar/baz/zxcv/abcd/...'

path.resolve('www', 'static/png/', '../gif/image.gif')
// '/home_dir/www/static/gif/image.gif'
```

Ci sono tonnellate di moduli utili forniti con l'installazione di Node.js. Adesso usiamo un altro modulo principale, il modulo *utility* e lo memorizzo in una variabile chiamata *util*. Questo modulo ha molte funzioni interessanti che possiamo usare, ma in particolare ha un logger che è un po' più potente del logger della console. Possiamo invocare *util.log()*, usare il percorso attuale ed usare la funzione *basename*, dando in input il __*filename* e ci verrà fornito il nome corrente del file.

```
const path = require("path");
const util = require("util");
util.log(path.basename(__filename));
util.log("^ Questo è il nome del file corrente");
```

Se esegui questo codice noterai che il risultato è simile a quello del log della console ma con il modulo utility, otteniamo anche la data e l'ora. Ogni log che si rispetti ha una data e un orario associati quindi la differenza principale tra il modulo utility e il log della console consiste nel richiedere i moduli utility. Alla seconda riga abbiamo dovuto caricare il modulo prima di poterlo utilizzare mentre il log della console lo possiamo usare immediatamente dopo l'installazione.

Un'altra funzione interessante è nel modulo denominato *v8* infatti con la funzione getHeapStatistics possiamo daremo un'occhiata all'utilizzo della memoria e alle nostre statistiche sulla memoria infatti ci mostra la dimensione totale dell'heap del nostro menu, la dimensione fisica, la dimensione disponibile, il limite della dimensione heap e così via.

```
const {log} = require("util");
const {getHeapStatistics} = require("v8");

log(getHeapStatistics());
```

```
//15 Nov 15:49:43 - { total_heap_size: 10207232,
// total_heap_size_executable: 1048576,
// total_physical_size: 6082048,
// total_available_size: 1519111272,
// used_heap_size: 4496272,
// heap_size_limit: 1526909922,
// malloced_memory: 8192,
// peak_malloced_memory: 421336,
// does_zap_garbage: 0 }
```

Probabilmente avrai notato l'utilizzo delle parentesi graffe insieme all'assegnamento della funzione *require()* e ti starai chiedendo il perché. Il motivo è molto semplice, Node.js permette di estrarre la funzione *log* destrutturando solo la variabile di cui ho bisogno. Lo stesso vale per *v8* infatti se volessi usare solo la funzione getHeapStatistics, potrei farlo destrutturando. Tutto questo potrebbe rendere il codice un migliore, favorendone la leggibilità infatti ci sono aspetti a favore e contro questo meccanismo. Il problema è che allo stesso tempo potremmo non sapere da dove proviene la funzione *log* o da dove provenga la funzione *getHeapStatistics*, a meno che non guardiamo tutte le nostre dichiarazioni in cima al file.

## Il tuo modulo Node.js

Ora diamo un'occhiata a come funzionano i moduli all'interno di Node.js, ci immergeremo subito e inizieremo a crearne uno per la nostra applicazione. Creiamo un nuovo file che chiameremo *mio-*

module.js e creiamo anche un altro file *modulo-demo.js* che useremo per includere il nostro nuovo modulo. L'idea è di rendere il codice all'interno del mio modulo accessibile nella nostra modulo demo.

Potrebbe essere particolarmente utile per una libreria matematica che abbiamo scritto e vorremmo riutilizzarla all'interno di file diversi o forse anche all'interno di progetti diversi, sfruttando il concetto di riutilizzo del codice.

Nel modulo che verrà incluso useremo l'oggetto export con il quale possiamo trasmettere tutti i dati che vorremmo esportare, vediamo come sarà il nostro file *mio-modulo.js*:

```
exports.testo = "Hello World dal modulo"
```

Abbiamo creato una proprietà denominata *testo* e ne abbiamo impostato il valore. Node.js ha un semplice sistema di caricamento dei moduli infatti file e moduli sono in una corrispondenza uno a uno e per accedere al mio modulo, devo prima impostare il suo riferimento ad una variabile.

Nel nostro modulo demo e chiamerò questa variabile *mioModulo* e userò la funzione *require()* per includerlo specificandone il percorso:

```
const mioModulo = require('./mio-modulo.js');
console.log(mioModulo.testo);
```

Dovremmo ottenere lo stesso valore dal nostro modulo perché accederemo al riferimento del nostro modulo con *mioModulo* e quindi otterremo il valore dalla proprietà *testo* che abbiamo creato.

Passiamo alla nostra console o terminale ed eseguiamo il nostro modulo demo e come potrai vedere, otterrai il log della nostra console con il saluto del modulo. E così siamo stati in grado di accedere ai dati nel nostro modulo demo da un altro modulo o file.

## NPM e package.json

Node ha qualcosa chiamato Node Package Manager, o NPM in breve dove i pacchetti sono uno o più moduli raggruppati insieme. Uno dei pacchetti più popolari si chiama Lodash, vediamo come possiamo installarlo e come usarlo. Dalla nostra console o terminale, lo installeremo usando NPM, digitiamo

```
npm install lodash
```

Se diamo un'occhiata nella nostra directory, possiamo vedere che è stata creata una nuova cartella, chiamata *node_modules* e al suo interno vedremo una cartella *lodash* che contiene diversi file JavaScript che ci forniscono tutte le funzionalità e caratteristiche di Lodash. Ora che lo abbiamo installato, creiamo un file che useremo per scrivere il nostro codice che utilizzerà Lodash.

Creerò un nuovo file chiamato *demo.js* e utilizzeremo *require()* proprio come abbiamo fatto prima per il nostro modulo personalizzato, per portare Lodash, salvo il riferimento in una variabile chiamata _

37

*(underscore)*. Questa è una pratica comune con Lodash, in modo che possiamo accedere facilmente alla sua funzionalità. Nota bene che non è stato necessario specificare un path, poiché Node.js conosce già la posizione predefinita per i suoi moduli.

Se usi un IDE ti basta digitare _. per attivare l'auto-completamento dell'IDE e vedere che ci sono molte funzioni a cui abbiamo accesso. Potremmo usare la funzione *random()* per ottenere un numero intero casuale compreso tra uno e cento. Se dovessimo farlo in puro JavaScript sarebbero necessarie diverse chiamate di funzione alla libreria matematica ma con Lodash, questa funzionalità è già integrata.

```
const _ = require('lodash');
console.log(_.random(1,100));
```

Eseguiamo questo codice tramite il classico comando e otterremo un valore casuale nella nostra console che sarà diverso di volta in volta.

Ora, cosa succede se finiamo per installare diversi pacchetti di terze parti e vogliamo tenere traccia di ciò che abbiamo installato e da cui dipendiamo in un elenco da qualche parte? E se volessi distribuire la nostra app o inserirla in un repository git? Non avrebbe senso includere tutti i pacchetti da cui dipendiamo perché occupano molto spazio e poiché ci sono centinaia, se non migliaia, di file da cui dipende ogni pacchetto impiegando molto tempo per trasferirli. Oltretutto lo sviluppatore che ha appena ottenuto il nostro progetto, dovrà installare manualmente tutti quei pacchetti. Se dipendi da alcune dozzine ci vorrà molto tempo per eseguire tutte quelle chiamate di installazione di npm ogni volta che scarichiamo un nuovo progetto o abbiamo un aggiornamento. È qui che entra in gioco il file *package.json*.

Tra le altre cose questo file memorizza un elenco dei pacchetti da cui il tuo progetto dipende, in questo modo, quando si utilizza il comando *npm install*, userà quell'elenco ed installerà tutto automaticamente. Per creare un file *package.json*, dal terminale digita il comando *npm init*. In questo modo ti verranno poste delle domande per personalizzare il tuo progetto specifico (particolarmente utile quando arriva il momento della produzione). Puoi proseguire usando le impostazioni di default e alla fine del processo  avrai generato un file *package.json*.

Contiene solo tutte quelle impostazioni predefinite che ci è stato chiesto di modificare quando abbiamo usato *npm init* ed è abbastanza carino guardare nella nostra cartella dei moduli di Node.js quali dipendenze abbiamo lì, aggiungendole automaticamente all'elenco delle dipendenze. Un altro collegamento che potresti voler sapere è se stai cercando di creare rapidamente un file *package.json*, puoi usare il comando *npm init --yes*, per crearne uno con tutte le impostazioni predefinite.

Esistono due aree in cui si verificano spesso carichi di input/output elevati: accesso alla rete e accesso al disco. Diamo un'occhiata all'accesso al disco per iniziare lavorando con alcuni file. Inizieremo con la lettura dei file e poi passeremo alla scrittura dei nostri file. Per fare ciò avremo bisogno dell'accesso al file system incorporato in Node.js.

Creiamo un nuovo file chiamato *demo.js* e richiediamo il modulo dedicato al file system e lo chiamerò *fs* in breve. Come puoi vedere, anche la libreria stessa è chiamata *fs*. Il prossimo comando che eseguiremo sarà leggere dal file ma non abbiamo ancora un file da leggere, quindi creiamo un file JSON temporaneo e inseriamo alcuni dati al suo interno, denominato *dati.json* e qui creeremo semplicemente un oggetto che ha una proprietà *nome*. Vediamo come si presenta adesso il nostro codice:

```
var fs = require('fs');
```

E vediamo il nostro file *dati.json:*

```
{
  "nome": "Pippo"
}
```

Adesso possiamo accedere al file system con una funzione chiamata, *readFile* a cui passiamo in input la posizione del nostro file JSON di dati. Il secondo parametro poiché questa è una funzione asincrona sarà la nostra callback.

40

Potrei definire una funzione separata come abbiamo imparato precedentemente o potrei fornire una funzione anonima e inserirla direttamente come secondo parametro. La callback accetta due parametri: un errore e i dati letti. Un altro modo ancora per gestire la callback sarebbe usare una funzione freccia, il che risulta leggermente più compatto rispetto alla sintassi precedente ed è il metodo che preferisco.

```
var fs = require('fs');
fs.readFile('./dati.json', (err,dati) => {
  console.log(dati);
})
```

Eseguiamo il codice per leggere il file ed abbiamo una sorta di output con un buffer che non è quello che abbiamo nel nostro JSON ma qualcosa di simile:

```
<Buffer 7b 0a 20 20 22 6e 6f 6d 65 22 3a 20 22 50 69 70
70 6f 22 0a 7d 0a>
```

Cosa sta succedendo? E' semplice, non abbiamo specificato il formato del file e per leggere il file JSON così come per altri documenti è necessario specificare il formato UTF-8. Modifichiamo il codice in modo da specificare, come stringa, UTF-8 come secondo parametro e spostando la callback come terzo parametro:

```
var fs = require('fs');
fs.readFile('./dati.json', 'utf-8', (err,dati) => {
  console.log(dati);
```

```
})
```

Adesso eseguiamo il codice e siamo in grado di leggere il JSON correttamente. Un'altra importante cosa da sapere è che possiamo effettivamente accedere al nostro file JSON direttamente con la funzione *require()* invece di utilizzare la lettura di un file. Vediamo come fare:

```
var fs = require('fs');
var dati = require('./dati.json');
console.log(dati);

fs.readFile('./dati.json', 'utf-8', (err,dati) => {
  console.log(dati);
})
```

E' molto semplice infatti ho creato una variabile *dati* impostandola su *require()* e specificando il percorso di *dati.json*. Ora puoi vedere che stiamo ottenendo due oggetti nella nostra console, uno dal *require()* e uno dal nostro file di lettura. Sembrano un po' diversi quindi vediamo quali sono queste differenze: puoi provare ad accedere al nome della proprietà dal nostro requisito per vedere se è un oggetto vero o solo una stringa.

```
var fs = require('fs');
var dati = require('./dati.json');
console.log(dati.nome);
```

```
fs.readFile('./dati.json', 'utf-8', (err,dati) => {
  console.log(dati.nome);
})
```

Nel primo caso siamo in grado di accedere alla proprietà e quindi si tratta di un oggetto, se proviamo a fare lo stesso per il nostro file di lettura potrai notare che non è definito quindi è solo una stringa.

Per ovviare a questo problema possiamo creare una nuova variabile all'interno della nostra callback del file di lettura chiamata *dati* ed assegniamo il valore della funzione *JSON.parse()*.

Essenzialmente sta prendendo il nostro parametro *dati* convertendolo in JSON e sovrascrivendolo, in questo modo siamo in grado di accedere a *dati.nome*. E se guardiamo nella nostra console possiamo vedere che vengono visualizzati due nomi.

```
var fs = require('fs');
var dati = require('./dati.json');
console.log(dati.nome);

fs.readFile('./dati.json', 'utf-8', (err,dati) => {
  var dati = JSON.parse(dati);
  console.log(dati.nome);
})
```

Ora che abbiamo una buona conoscenza della lettura dei file dal file system, passiamo a leggere anche le directory con il file system. Avrò bisogno di *fs* ed useremo una funzione del file system chiamata

43

*readdir*(). Il primo parametro che dovremo dare in input è la posizione da cui vogliamo leggere le nostre directory. Usiamo il drive C come esempio e quindi creeremo una callback che si occuperà di loggare in console i dati.

```
var fs = require('fs');
fs.readdir('c:/', (err,dirs) => {
  console.log(dirs);
})
```

Esegui questo codice e potrai vedere che otterrai tutte le directory all'interno del drive C quindi leggere le directory è molto semplice come puoi notare.

Sino ad ora ci siamo occupati della lettura di file ma come possiamo scrivere un file? Hai indovinato, per scrivere un file, accediamo al file system e utilizziamo la funzione chiamata *writeFile*(). Il primo parametro è il nome del file e, nel nostro caso scriveremo un file JSON denominato semplicemente *dati.json*. Il secondo parametro sono i dati effettivi che verranno scritti nel file. Sopra la nostra funzione aggiungiamo una variabile chiamata *dati* e impostiamola su un oggetto JSON. All'interno, aggiungeremo una proprietà chiamata *nome* e passeremo *Pippo* come valore.

```
var fs = require('fs');
var dati = {nome : 'Pippo'};

fs.writeFile('dati.json', dati);
```

44

Andiamo avanti ed eseguiamo il file tramite il classico comando e come puoi vedere, viene creato un file *dati.json*.

Ma se guardiamo dentro, non stiamo vedendo quello che ci aspettavamo. Questo avviene perché il secondo parametro prevede una stringa, ma in realtà stiamo passando un oggetto JSON. Convertiamo il nostro oggetto in una stringa usando *JSON.stringify()*. Salviamolo e proviamo a eseguirlo di nuovo.

```
var fs = require('fs');
var dati = {nome : 'Pippo'};


fs.writeFile('dati.json', JSON.stringify(dati));
```

Apriamo il nostro data.json e possiamo vedere che il nostro file JSON è ora nel formato corretto. Quindi tutto funziona, ma potresti aver notato che stiamo ricevendo un avviso su una tecnica deprecata ovvero invocare una funzione asincrona senza callback è deprecato.

Possiamo creare una soluzione che tenga conto di questo quindi il primo parametro sarà il percorso, il secondo rappresenta i dati che vogliamo scrivere nel file e, infine, il terzo è una callback.

```
var fs = require('fs');
var dati = {nome : 'Pippo'};

fs.writeFile('dati.json', JSON.stringify(dati), (err) => {
  console.log('SCrittura terminata con successo!');
});
```

Semplicemente abbiamo passato alla callback l'errore nel caso in cui ci fosse e scriviamo nella console un messaggio che indica se la scrittura è terminata con successo. Salviamolo e proviamo a eseguirlo di nuovo e puoi vedere che la scrittura è terminata e non stiamo più ricevendo quell'avviso di funzione deprecata. Potremmo anche introdurre delle logiche in base alla presenza o assenza di un errore, interrompendo il processo o riprovando la scrittura.

# Node.js frameworks

Diamo un'occhiata ad alcuni dei framework disponibili per Node.js. Ma prima di tutto, cos'è un framework? Un framework è una struttura portante essenziale di un edificio, veicolo o oggetto e nel software, è essenzialmente la stessa cosa. Si tratta di una struttura di supporto che ti consente di costruirci qualcosa sopra. Quando si tratta di web e vogliamo creare API di grandi dimensioni, o forse server HTTP, possiamo sfruttare i framework Web e ci sono diverse opzioni che possiamo esaminare. Ognuno di questi ci fornisce la struttura e i componenti necessari per rendere semplice la pubblicazione di file statici, come i siti Web tradizionali oppure possiamo mettere insieme un'API Web per interagire in una Web app. Un'API Web è un servizio che ci consente di ottenere e salvare dati sul nostro server o back-end, ad esempio un'API Web che ci consente di creare utenti, fornire un elenco di utenti e così via. Ora diamo un'occhiata alle diverse opzioni disponibili per i framework Web per Node. Vedremo Express che è un framework per applicazioni web Node.js flessibile e leggero, che fornisce una serie di funzioni avanzate per le applicazioni web e per dispositivi mobili.

## Express

Collegati al sito http://expressjs.com/ e scorrendo un po' verso il basso, possiamo vedere che fornisce il supporto per le applicazioni Web e le API Web. Ma prima di tutto, cos'è un'applicazione web? Potrebbe esserci un po' di confusione sulla sua definizione. È qualcosa per il front-end o qualcosa per il back-end? Quando penso alle app, penso a ciò che gira nel tuo browser o dispositivi mobili ma quelle app devono spesso parlare con un server. Ad esempio, per accedere agli utenti o ottenere un elenco di dati da visualizzare, ecc. Si può pensare che un'app Web ha alcune funzionalità sul front-end e alcune sul back-end. L'app, nel suo insieme, è distribuita su entrambi i front-end e back-end. Immagina che Twitter non fosse in grado di ottenere tweet dal suo back-end? Detto questo, Express.js funziona all'interno di Node e Node è qualcosa solo per il back-end. Come accennato in precedenza, c'è un sacco di supporto della comunità e documentazione online perché Express.js è in circolazione da così tanto tempo.

Insieme ad Express si è diffuso moltissimo Socket.io, che consente comunicazioni in tempo reale, bidirezionali, basate su eventi. Express invece consente al client di inviare una richiesta al server, ma il server non può inviare la richiesta al client e quindi non ha comunicazione bidirezionale. Socket.io risolve questo problema, in altre parole, possiamo inviare notifiche dal server al client quando si verifica un evento, così come altri dati. Socket.io è composto da due parti, una libreria lato client che viene eseguita sul browser e una libreria lato server per Node.js. Proprio come Node.js, è guidato dagli eventi.

## Scenario pratico

Quando si crea un'applicazione Web, è possibile pensare che due scenari: puoi ospitare contenuti statici o dinamici. I contenuti statici possono essere elementi come file HTML per siti Web o immagini, video, ecc., i contenuti dinamici, invece, vengono offerti tramite un'API Web o talvolta vengono utilizzati per pubblicare pagine Web dinamiche in cui il contenuto o la vista sono composti dal server stesso. Nel nostro caso, esamineremo la pubblicazione di un semplice file HTML per i file statici, quindi creeremo un'API Web per mostrare come possiamo offrire contenuti dinamici. Quindi iniziamo servendo alcuni file statici con Express.js. La prima cosa che dovremo fare è creare la nostra cartella del progetto in modo da avere un nuovo workspace e assicurati di aprire quella cartella all'interno del tuo editor.

Creiamo il nostro file server quindi creerò un nuovo file e lo chiamerò *server.js*. Una cosa da tenere a mente è che Express non viene fornito con Node.js, quindi dovremo installarlo usando npm proprio come abbiamo fatto per tutti gli altri pacchetti di terze parti. Ma se vogliamo salvare tutte le nostre dipendenze che installiamo, dovremo prima creare il nostro file *package.json*. Quindi, proprio come abbiamo fatto prima, useremo *npm init --yes* per farlo. Ora che abbiamo il nostro file *package.json* installiamo Express. Useremo il comando *npm install -s express* per salvarlo nel nostro file *package.json*.

49

Nella nostra cartella *node_modules* puoi vedere tutte le dipendenze da cui proviene Express e la cartella Express stessa. Finalmente possiamo usare Express e salviamo il riferimento in una variabile che chiameremo *express* all'interno del nostro file *server.js* e quindi imposteremo il riferimento a una variabile chiamata *app* da un'istanza di express.

Facciamo partire il server Express e ascoltiamo le richieste, digitando *app.listen* che prenderà in input una porta come primo parametro, quindi digiterò la porta 3000.

Avviamo il nostro browser e andiamo su *localhost:3000* e apriamo la console per sviluppatori con il tasto F12, nella scheda Rete possiamo vedere che stiamo ricevendo una risposta ma con uno stato di 404 ovvero non trovato perché non viene ancora ospitato o servito nulla.

Diamo alcuni contenuti statici da servire ad Express ed inizieremo utilizzando la funzione *app.use*, quindi creeremo un file HTML chiamato *index.html* che verrà pubblicato tramite *app.use*.

```
var express = require('express');
var app = express();

app.use(express.static(__dirname));
app.listen(3000);
```

Nel file chiamato *index.html* inseriamo *Benvenuto in Index.html*. Salva questo file che tramite *express.static* verrà passato in input con tutta

50

la nostra directory attraverso __dirname_. Riproviamo nel nostro browser.

Puoi vedere che la pagina dell'indice o il file HTML viene automaticamente pubblicato ora e stiamo visualizzando la frase inserita. Un'altra modifica da apportare è quella di impostare una callback sul nostro *app.listen*, quindi passeremo una callback senza parametri ed indica che il server è in ascolto su una porta. Questo risulta particolarmente utile perché codificare la porta o ottenere un riferimento a quella porta effettiva è fondamentale nel caso in cui cambi (ad esempio una volta distribuita la nostra app su un server). Possiamo farlo creando una variabile chiamata *server* e impostandola sul nostro *app.listen*.

Nella callback, come secondo parametro per il logger della console, definiamo *server.address.port*.

```
var express = require('express');
var app = express();

app.use(express.static(__dirname));
var server = app.listen(3000, () => {
  console.log('Il server è in ascolto sulla porta ', server.address().port);
});
```

Eseguendo questo codice potrai notare che riceverai il messaggio nella console dove ti informa che il server è in ascolto sulla porta 3000. Qualora dovessi riscontrare qualche errore verifica che la porta su cui sta girando il tuo server non sia già occupata. Ora che il nostro server

51

back-end è in esecuzione e ospita un file statico, puoi costruire il tuo front-end semplicemente invocando i servizi esposti dal back-end.

# Conclusione

Abbiamo trattato molte delle nozioni di base con Node e abbiamo esaminato anche molte altre funzionalità avanzate. Ciò ha portato alla creazione di un semplice sito Web da cui puoi partire per creare qualcosa di più complesso o semplicemente per approfondire la tua conoscenza di questo framework. Abbiamo analizzato le differenze tra un approccio tradizionale alla programmazione e l'approccio adottato da Node.js e spero che tu adesso abbia una buona comprensione delle differenze tra codice sincrono e asincrono. Node.js è perfetto insieme a JavaScript quando si tratta di lavorare con codice asincrono e le varie opzioni che abbiamo per lavorare con esso come callback, promise, async/await rendono davvero questo framework guidato dagli eventi. Abbiamo capito il nuovo modo di sviluppo chiamato sviluppo event-driven e se sei interessato a programmare con Node.js, ricorda che il miglior modo è programmare qualcosa in modo che tu possa prendere conoscenza e confidenza con la tecnologia. Concentrati sulla programmazione asincrona, lo streaming di dati, la decomposizione di app in micro servizi e il collegamento con un database, magari di tipo NoSQL. I modelli di progettazione Node.js coprono i modelli di progettazione comuni per scrivere codice JavaScript migliore. Node.js è incredibilmente potente e molto divertente con cui lavorare e spero che tu possa continuare a conoscere questo incredibile strumento.